梅花用心

陳玉惠 著

序

　　出本書是想讓世人了解到，只要社會上的多數人願意去修正他們的心與行為，是可以讓世界末日遠離我們。也讓那些生活中遇到很多挫折與困難的人，得到正確的改變命運方法，以及如何正確修行？生命的目的是什麼？

　　看到了世人因世界末日預言以及天災異像而憂心忡忡，終日惶惶不安，不知道自己是可以改變命運，改變世界末日讓世界末日遠離的。相信他們只要知道方法，應該都會很願意為人為己付出一點心力。

　　也看到了一些人因為人生經歷了很多的困難、挫折，經歷種種的磨難而選擇某宗教，努力的修正自己的行為，今生雖然命運坎坷、期望未來可以到更高層次的天堂或極樂世界……，希望不要再來人間受苦了。所以他們非常努力、非常虔誠，有的過著苦行生活，他們慈

悲有愛心，願意為別人付出是對的，可惜走錯了方向。也許無知、也許迷信或被騙，他們一生的努力都白白的浪費了。有的是終生侍候神，有的侍候師父，其實不需要侍候，只要將你愛的神、佛放在你的心中，而學習他們大愛的行為，到社會上做有意義的事就好。

有些人忽略了家庭，沒時間在家煮飯給家人吃而去煮飯給師父吃，師父要出國或回國時都開車接送……等，做到家人都不開心。曾有一位師姊的兒子考大學放榜的當天，他的兒子告訴她，如果當天放榜而他落榜，他會去跳樓。在兒子生命生死的關頭、他沒有陪伴兒子，還是忙著去參加宗教法會。說：「拜拜的東西都準備好了」，還好當天她的兒子考上了，不然後果不堪設想。真替他捏一把冷汗，像這樣願意為別人付出的人，如果他們懂得將時間與金錢應用到更有意義的地方，是不是會更好。

他們很善良、很可愛，願意為別人付出。希望做些改變或犧牲奉獻，看可不可以改變今生辛苦的命運，或來世到更好的、更高的地方，不要再來人間了，人間很

累很辛苦。他們可能不知道，先人往生後，我們幫他做了很多的功德迴向給他，對方可以得到的功德很少，迴向的功德，由菩薩來決定要不要給對方。就算功德給了先人，又把先人渡上了天堂，他的習性並沒有修正好，他還是會掉下來人間，甚至於掉到更低層次靈界。

【例如】：愛喝酒的、愛賭博的、壞脾氣的、沒公德心的，一些壞習慣都依然存在，如果自己沒有修正好，靠別人做的公德就算能把他推上天堂，作用也不大。

有些法師、道士、大師……等，都說可以幫人消業障，可能嗎？命運只有你自己想改才可能改，因習性改了命運才會改變。業障是你自己曾經犯過的錯所造成，自做當然是自受，自己解決，解鈴還須繫鈴人。所以必須自己懺悔和贖罪，才可能消業障。只要你開始修，因果就會往後延。

我以前也以為修行，是到深山或寺廟，打坐、吃齋、念佛、讀經書的，那樣才是修行。後來才知道，修行是在日常生活當中，時常去檢視自己，要求自己及修正自己的心與行為。慈悲、智慧、學會犧牲、奉獻、付

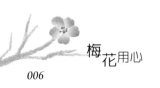

出愛心，貢獻社會。希望同修不要再走冤枉路，也讓那些看不懂經書、不了解那些禪言禪語的人，知道不吃齋念佛，也可以修得很好。

所以我們要將時間花在教化活人，那才是根本。每個人都要自己修正自己，自己修好又可幫助別人修好，自己做的功德自己得。讓善良、慈悲、有愛心又肯為別人服務的人，不會付出一生的時間努力又走錯方向，並可以得到應有的回報，靈魂可以升到更高層的靈界，永住天堂，永生極樂。

我出生在北部的郊區，那個時代是個農村，從小就得到兄弟姊妹與父母親的愛。父親嚴肅母親慈祥，印象中，母親總是犧牲自己而成就我們，把最好的留給我們，自己總是省吃儉用。例如：水果每人一個，他自己沒有，她就會說：「給我咬一口好嗎」？

我的從小就常常生病，所以家中粗重的工作，都不用我來做。當時父親常幫人搬家維生，家中成員幾乎都全部出動，只有我不用。留在家中幫母親做一點家事，我感受到母親對我滿滿的愛，以及為家庭付出與犧牲奉

獻的精神。而我也怕母親不愛我，每當我做錯事時，母親不高興，我就會幫母親清洗廚房，來討母親的歡欣，深怕惹惱母親，母親會因此不愛我。

在如此的環境下長大，我對人也有濃濃的感情。不管是家人、還是朋友，我都希望他們永遠在我身旁，不要離開我，也喜歡做讓他們開心的事。因為怕老了孤獨，故結交了很多好朋友。

高中時家中經濟不太好，我告訴母親我會半工半讀。沒想到事與願違，工作都不順遂，不是公司結束營業，就是身體承受不住。有的工作幾天，有的工作幾個月，最後還是當了全職的學生。

高中畢業第二年，就嫁給一個沒有穩定工作的大專畢業生，還生了三個兒子。

沒想到這個不被大家看好的人，婚後一路奮發圖強，成了一位人人稱讚的醫生，而我從此物質生活開始過得比一般人好，但人生的挫折也從此開始……。

某天遇到了位靈媒，我問神：「為何我從小身體就很差、經常生病，是不是前世殺生過多、殺業太重。」

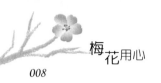
　　祂回答說：「我修得很好，修了三世了，這是第四世，也是最後一世，不會再來了。」我心裡想著太好了，我真的很不想再來了，雖然我外表光鮮亮麗，令人稱羨，但內心孤獨，經歷了一連串的挫折，感覺很累。

　　回家後開始找答案，什麼是「修得很好」，心想以前曾經念過佛經，但很早就不碰了，平常偶爾會捐錢外，除了不做犯法的事，唱歌、跳舞樣樣來。

　　我喜歡研究星座、紫微斗數，從紫微斗數中發現，人有前世今生。也常研讀靈學的書，為了讓自己的理念不偏差，盡量能公平客觀，我也研讀國外基督教靈學，前世今生……等。終於找到了答案。

　　既然是最後一世，就將自己貢獻給社會，教別人如何正確的修行。

003	序
011	生命的目的
013	靈逼體
016	什麼是修行
021	身體的重要
029	走出宗教的迷信
036	什麼是考試呢？
038	卡陰的處理
040	宗教行為迷失
044	如何改變命運
056	做有意義的義工
059	公德心與同理心
063	不要執著

目　錄

068	不要妨害他人成長
072	如何增加貴人與減少小人
074	防小人的方法
076	學習永無止境
079	夫妻關
087	孩子教育篇
093	責任感的重要
096	勿貪心
098	珍惜緣份
103	心口合一真心待人
107	結論

生命的目的

　　生命的目的是為了要修正自己的心、行為與習性。以便此生結束後，靈魂得以升等到更高層的靈界。也許是永住天堂或永住極樂世界。

　　為了要永住天上，就有一定的功課要完成。為了要完成這個功課，就必須要有肉身才得以修靈魂。此生的功課未能完成，就必須要再次輪迴，再次轉生重修，直到功課完成。人生在世，修橋鋪路、利人濟物、多積善德、把人做好，死後靈歸天界。願不願意修正自己而得到靈魂成長，完全在於你自己。那些不好的習性、思想、行為，必須在人活著的時候懺悔、改過、修正，靈魂才得以成長，人死後成為鬼魂是無法清除掉固執的習性。

　　【例如】：原本生前愛喝酒的、沒公德心的、愛賭博的，死後你的靈魂就成為那樣的性格，無法改變。

　　修行是累世的，沒有修好就會不斷的輪迴，直到你修好為止。輪迴就是除了真正了悟生命的覺者之外，都必須不停的出生、死亡、再次出生、死亡。歷經著種種的生命型態，或是神仙或人、精靈、動物、餓鬼、植物……。在六道（天道、人道、阿修羅道、畜生道、餓鬼道、地獄道）之中輪迴。在人道輪迴的人，行為不儉，好勝怠慢，不能忍辱，逆天爭鬥，不得寧靜。殘暴不仁，罪魁禍首，唯恐天下不亂，好勝爭強，發動戰爭，殺人放火。放浪形骸，色迷心竅，行同禽獸，無仁義道德。外修邊幅，內行不軌之偽君子，他們金玉其外，敗絮其中，詭計多端，花言巧語，誘惑拐騙，勾心鬥角，無所不用其極。死後終將往下沉淪，墮落阿修羅道、畜生道、餓鬼道、地獄道。而怪靈魂沒有一定成長，是無法適應其中。

靈逼體

　　有些人生活受到了很多的挫折，諸事不順，也許事業、也許感情、也許生重病、也許染上賭博輸光錢財……。有可能是靈逼體現象，為何會有靈逼體發生，那是因為人是由主要的靈魂加上肉體組合而成，而人生在世才能修靈魂，也許是年紀漸大，主靈眼看著時間快要接近壽命終了，你還不修。也許是今生有任務要完成，你不但不做好事，還行壞事，讓主靈得不到升級，還可能降級。這時主靈就開始緊張，就開始逼著身體，讓你處處不順，也許窮困潦倒、也許逼到得重病，看你會不會去找答案，改變行事做為。一旦你開始修，一切就變順利了。現在天盤變了，只要你開始修，所有以前欠的因果債，都暫時不會向你要，機會要把握。

　　還有一種被靈逼體是，因為你沒得到正確的修行方法，修了等於沒修。例如：「有些人信了某種的宗教，

而不知是人為因素或是時間久遠，有一些修行方式已留於迷信，而你不去修正，只是背著宗教包袱不放而已。修了等於沒修，主靈當然也就急了，逼你走回正確道路。」

所以當你的人生出現了問題時，你一定要去自己學會檢討自己，檢視自己到底哪裡出了問題，才不會被逼死時，白來此生。到了死亡後的靈界才發現，已錯過了在人間可以修的大好機會。那時為時已晚，因為上天堂的鑰匙，只有人間才有，是你自己的所做所為，在決定上天堂還是下地獄。

現在我們所居住的世界，就是大家的共業所創造出來的，也就是一個虛擬的世界。佛家曾說過「以假修真」是好是壞，都是我們一起製造出來的。天堂也是由一群善良的靈魂的能量所共同創造出來的，因為他們共同希望有那樣的一個世界，秩序井然、景色迷人、充滿喜悅與愛……，一切都是那麼的美好，反之地獄也是一樣，恐懼、邪惡、令人顫慄，一切是那樣不堪。而人間與天堂的不同在於人有肉身，而天堂的靈魂沒有。

　　當我們身旁的親朋好友、街頭巷尾，多數人慈悲善良、很有愛心，那時你所居住的環境，就會呈現出來非常美好。可能青山綠水、鳥語花香、多采繽紛如入仙境。反之大家的心如是邪惡的，那呈現出來的窮鄉僻壤、土地貧瘠、荒蕪。

　　如果一個人自己修正自己，讓自己的正能量變強，而他個人的小磁場得以改變，因而改變了他自己的命運與未來。那如果一大群人一起修正自己，是不是一個大的正能量變強，而大能量變強的同時，負的能量也會被壓縮，那時大的正能量是不是形成一個大的磁場。那大的磁場變好，大的環境是不是就變好。而這一大群人的未來命運，也會跟著變好。所以要搶救生態環境改變世界末日浩劫，就是要集體的人共同修正心與行為，去創造正的能量磁場，而一起編織人類夢想中的美麗家園。

什麼是修行

　　修行，首要就是做好自己本份，將自己的家庭圓滿、事親至孝、相夫教子、兄友弟恭、渡化自己的九玄七祖（九玄：子、孫、曾、玄、來、昆、仍、雲、耳。）

　　七祖：父、祖、曾、高、太、玄、顯。），行功立德、解冤釋結、多種福田……。

　　修行就是在日常的生活當中，去修正自己的心（思想）與行為。去要求自己盡量做到，多說好話、多做好事、真心待人、願意為別人付出、不計較回報、樂觀進取、認真負責、謙虛包容、守時守信守法、有公德心，時常站在別人的立場想，去付出、去感恩、去回饋社會。不管你是誰，扮演好你的角色，未修佛果，先結人緣，去做好四維八德、五倫傳統，可從孝道做起。

　　想要成功一定要做好：

男生特質——談吐溫文、認真負責、樂觀進取、果
斷精神。

女生特質——溫柔婉約、賢良淑德、相夫教子、灑
掃應對、內外兼顧。

看到這裡，很多女生一定覺得不太公平，現在是男
女平等時代。人就是因為凡事都不想吃虧，所以現在問
題才這麼多。我也知道做到是非常不容易，但是修行就
是要學會被別人佔便宜，不要太計較、要有寬容之心、
盡力就好、就是這樣。台灣有很多女人修得很好。

有些人喜歡到西藏、尼泊爾、印度……等，去修行
或尋找什麼。那裡有離佛比較近嗎？不是聽過：「佛在
靈山莫遠求，靈山只在汝心頭，人人有個靈山塔，好向
靈山塔下修。」那還要到外地找嗎？追求神通或捷徑，
很容易走偏或被有心人士利用，還是要多加小心。

當我在尋找靈界真相答案與如何才是正確修行期
間，如果有較好的書籍，我都會買來分送給對靈修之類
有興趣的朋友。其中一位跟了一位密教師父（並非密教
師父都不好當然也有修得好的），有幾拾個信徒。師

父有妻子、車子、房子，時常帶著一些信徒到印度、西藏……等，去修行。師父出國要求，一定要住五星級的飯店。不用說，一定是信徒買單付帳。師父的心修得好不好，？師父的行為如何？我們是不是就可以判斷。我們在修、師父也在修。我們結婚、師父也結婚。我們自己賺錢養活自己，有多餘的錢再捐去社會做公益。那為何師父什麼都不用做，你還要供養他？出國還指定要住五星級飯店。朋友回答說：「師父要講經教我們如何修阿」。我回：「很好，那師父有沒有教，修得好的人，是要將自己的所學、所能，盡量的付出，教予他人。不可以凡事講求回報，要想住天堂，一定要學會服務他人，願意付出。」

以前我曾經跟著幾個師姐，到一喇嘛家。我包了一仟圓紅包給他，當下他也回饋臥香給我，而師姊跪在地上，將紅包頂在頭頂上，請他收下。瞬間我覺醒了。看到男師父身材比我還高大，不用工作，只是偶爾辦辦法會，大家就送房子與錢。我決定回家老實修行，不指望什麼捷徑。

　　修行一定要時常檢視自己的心與行為、習性，有無需要改進的地方。例如：是不是情緒太多了，是不是說話太衝動，是不是太自私不替人著想……等。

　　往外佈施得福報，是讓你有福可享。「人知滌其器，莫知洗其心」。真正想到更高的靈界，修心才是你升級的要件。人世間的社會地位，是看我們的學歷、財富、知識技能、領導力、人際關係……等，來決定的。而天上是以你在人間付出的愛來決定。

　　以下是我開始學修時的自我檢討：

　　【例一】：某天我在逛街時，看到一個布做的手提包，是他從韓國帶過來的，只有一個。此時正有一女孩也想要，我一聽只有一個，二話不說立即買下。有些人聽到名牌限量，就受不了，非買不可，就是這樣回家後悔極了。因為我不是真的那麼喜歡，可有可無，只因為那個女孩想買，激發我的不認輸個性而已。覺得自己怎麼那麼壞，要讓別人開心才對。

　　【例二】：某天在麵包店，我將店裡的地瓜麵包全部買下。因跑了幾趟，每次來都已賣光沒買到，好不

容易今天剛出爐，當然要全部買下。此時來了一位小姐
想買，老闆問我是不是願意，分一些給那位小姐。我
不肯，回家就後悔了。覺得自己應該心胸寬廣、廣結善
緣，多多站在別人的立場想才對。

身體的重要

　　靈魂可以說是一種能量，當生命結束時，靈魂要離開你的肉體時，能量越強聚集的越完整，就越能保持生前的記憶。要使這能量變強，就是要靠你生前的修為。修得越好正能量越強，就能將你的靈魂，晉升到更高層級的靈界。而要鍛鍊自身能量，靈魂需要在肉體裡培育，這就是為何沒有肉體就無法修靈魂。可見健康的身體，是多麼的重要。不要因為曾經聽宗教人士說它是：「臭皮囊」，就認為不重要，不去照顧它。身體只有在死亡時，靈魂要離開身體時，才可以將它視為「臭皮囊」丟掉。因為要學會放下，才不會讓你的靈魂執念在人間，無法晉升，在這之前你都要把它當成寶。

　　以我個人來說，從小身體就不好。長大後就非常用心，要讓自己得到健康，還好有一個醫師家庭，不然醫藥費一定很驚人。很難想像為何那些健康的人，卻拼命

的餵食一些，會讓自己不健康的食物（煙、毒、酒……等之類）。餵食自己不健康的食物，是要承受因果報應的。讓你生病是，去感受一下健康的重要。你以後就不會再傷害自己的身體，這就是為何會你會有因果病。也有些是將心比心，感受別人的感受，所以才會，給別人什麼，自己就得到什麼。

有一次朋友聚會，我喝了兩杯「長島冰茶」的混合酒，第二天頭痛欲裂之後嚇到，爾後不再多喝了。現在不管我心情有多痛苦，都不會選擇借酒澆愁，那樣只會更痛苦。再痛苦的事，只要找好朋友說一說，再不行就多找多說幾個，釋放壓力就不痛了。

有位朋友說：「年輕時的他，喜歡打牌時常熬夜，兩天不睡覺。現今年過40歲，經常想睡睡不著，才知道什麼叫40歲前你如何折磨你的身體，40歲後你的身體就如何折磨你」。

很多人只知道，想長壽多運動及吃養生食物，會讓身體變好。兩者可以排毒、釋放壓力、營養補充，這是對的。但還有件事，也可以長壽。就是修心與行為，加

上去做對社會有貢獻的事。因為你已在修，又會奉獻社會，上天太快叫你回去，還不是又要把你送回來修，還不如讓你留久一點。

吃素與修行，沒有直接的關係。吃素是慈悲心，不吃素也可以修得很好。吃素是不殺生、環保、愛地球。但如果選擇吃素，就要注意營養的補充，不要吃到面黃肌瘦，更不健康。不管如何吃，就是要讓自己健康。

【例如】：一位師姊吃素多年，得了免疫系統失調的疾病。原來能吃的大部份是蔬菜、水果，生病後醫生囑咐她，空心菜不能吃、大白菜太寒冷不能吃、竹筍不能吃。她都快營養不良了，最後只好為了身體健康，放棄吃素。所以不管你吃葷吃素，就是要讓身體得到健康，才是正確的觀念。

最近看到一則報導：

胭脂紅是一種食物或口紅的色素原料，常用在草莓果醬或口紅……等。胭脂紅是生長在仙人長上的胭脂蟲，牠吸取仙人掌汁液而生存，母的才有色素，

他的血非常的紅。所以經過輾碎製成食用原料，七萬隻才可提煉幾百克，處理過較安定，至少牠是純天然比較無毒，比食用色素好，但如果你是每天擦口紅的人，而你每天吃素，卻在不知不覺中，吃了葷。所以說，防不勝防、有心就好、不要太執著，會過得比較開心。我從小就怕牛、羊肉的騷味而不敢吃。以前也因為同學，將羊肉放進火鍋給我吃，而差點與她翻臉。現在覺得是自己的錯，別人的無心，何必弄得大家不開心呢？

我很不喜歡看大胃王比賽，那種比賽浪費食物、又不健康、又沒有意義。將來還要承受因果，也許得胃病……等，因為你殘害自己的身體。

曾經看過一個故事，有一個人觀落陰去看他過世的父親，在靈界不知過得如何？他看到父親正在吃著一桶餿水，就說：「爸，我不是燒了很多錢給你嗎？怎麼還吃餿水桶的食物？」他父親說：「祂們說，這是我一生浪費的食物，我必須吃完，才可以用你們燒給我的。祂們說，那裡有一桶小的餿水桶是你的」。

　看完這篇不知真實性有多高的故事，但卻讓我感受到一粥一飯來處不易、要珍惜，還有很多三餐不濟的人，等著我們幫忙呢。

　有些宗教修行者，倡導朝山禮佛時，可以拜出健康來，是這樣嗎？很多人都不知道，朝山其實是一件，只會傷害自己的身體卻沒有什麼意義，花時間無助於他人又損健康的活動。想想如果你是菩薩，你是何等慈悲。你要看到愛你的信徒，為了表達愛你，把自己弄得頭破血流嗎？除了難過外，還有心疼你的無知與迷信。這件事的意義是什麼？愛菩薩，就是要學習菩薩的行為，到社會上做有益眾生之事。將自己的身體弄傷之後，恐怕還要承受因果病的折磨，也許得什麼關節炎風溼病……之類，真是吃力又不討好。

　關節過度使用，容易提早發生退化性膝關節炎。退化性關節炎，好發於五十歲以上的人。其臨床症狀很多包括膝關節疼痛（尤其是在上下樓梯時）、關節腫脹、關節僵硬、肌肉無力感（從坐姿要站立很困難）、關節雜音、關節運動受限（蹲不下去）及關節變形態（以O

形腿變形最常見）等。這些症狀常因關節過度使用（如蹲、跪、或上下樓梯）而加劇。退化性關節炎，對人類社會造成的衝擊舉世皆然，但它不但長期的影響將近五分之一人口的生活品質，也是造成老年人行動困難的五大原因之一。

有些人的身體生病，是因為今生身體沒有照顧好，造成生病。有些是靈逼體（為何要修心與行為上單元有解）；有些是前世造成，今生受的因果病；也有一些是為了體驗生病人的痛苦，也許為了下一世能成醫生或⋯⋯，而特別安排的人生課題。每個人都有今生要完成的功課，可能是考試、服務、報恩、還債、學習體驗人生。只是很多人並不明白，自己的課題是什麼。不知道也沒關係，只要用正面開心的人生態度，去面對你的困難就好。其實今生的功課，最不想去面對的那件事，很可能就是你要做的功課。

如：脾氣很差、時常與人衝突、修個性修好人際關係，可能就是你的功課。自己學會檢討自己，發現問題，自己學會修正既好。

【例如】：曾經有一位男性友人，他有兩個兒子。其中之一約國中升高中年紀，得了心臟的罕見疾病。醫生說他兒子隨時會走，一般人都對他說：「兒子可能是來要債的」，要他想開一點，他感覺並沒有得到安慰。我就對他說：「我不知道你兒子是哪一種，不過有一種，兒子生病或死了，你就會去找人生課題，而開始修行或成立罕見疾病基金會；或幫助罕病家人走出人生低潮，做一些造福人群的事。兒子的犧牲是不是就很有價值。」他聽了很開心，說他應該是這種。因為他以前有錢時，都在他家附近，將中輟生集合，組成棒球隊，而幫助他們復學。看了以上的真實故事，不管你家人或好友生重病或離開你，只要你也用他這種想法去想、去做，你的人生就會變成開心、值得，命運也會變好。

走出宗教的迷信

　　宗教的目的，是為了要淨化人心、提升人的靈魂、勸人行善、給人們心靈寄託。它的出發點是好的，上天是不分宗教的，為了人間不同人的需要，人間有了各種不同的宗教，去渡化不同的人。因此不要認為，別人的宗教不好或不正確，佛教高、別教低，或基督教高、別教低，或……。我們在人間是要把人做好、把人際關係做好，那為何到了天堂就將他們分彼此。

　　【例如】：有天我到了天堂，我就會遇到眾神、上帝、佛、菩薩和天使，而他們一定馬上與我成為好友、喜歡我。因為在人間時，我就對他們有好感，在人間我因為把人做好才得以上天堂。我就是一個到處與人為善的好人，所以到了天上當然還是這樣的人，自然成為眾神、佛、菩薩、天使所喜愛的對象，怎可能只喜愛某神，而排斥別的神呢？這樣思考是不是比較容易了解。

梅花用心

　　依我所知天上界比較像人間的五院，各司其職，有行政、國防、財政、司法、教育，分工合作各自做好自己的職責，不是閒著沒事做。所以如果我們有要祂們守護時，例如：某月某日、在某醫院開刀，一定要在之前先講好，時間、地點，好讓祂們有時間去安排。在廟裡擲筊問事情也是一樣，要給祂們一點時間，查詢事件的時間，不要立刻說完就擲筊，然後就說：「不準」冤枉了好神。

　　很多宗教團體，他們對社會的貢獻與努力，我們有目共睹。常常在災難現場，他們比國家救難隊還早到，我們給予肯定鼓掌。我喜歡人有宗教信仰，當你寂寞孤獨害怕時，感覺有人陪伴。像我平常一個人回家時，還會對菩薩像說：「我回來了」，感覺菩薩就是家人，有溫暖的感覺。自己一個人在家裡也比較不會害怕。但我不主張進入宗教團體，參加宗教活動（除非你自己有把握跟著他做都是正確的），不是宗教不好，而是很多人的智慧是無法判斷哪一個宗教團體好，哪一個不好或有意義、無意義。時常不自覺走入迷信，而不自知、越

走越偏、越來越迷信，再也回不來了。還有人捐了很多錢給宗教騙徒，或自己都不懂什麼叫修好，就等著別人養。以致使讓那些有愛心，又肯為別人付出的族群，做了一些沒功德的事，而誤了一生。或被主事者利用；或對於與他同宗教的就是自己人、同一國的，不同宗教就排斥。再也無法回到社會上，正常生活。

故拉別人進宗教，原本出發點是好的。因為拉人的人，認為只要帶別人去做與他同樣事，以為做的是善事，其實不見得。原被拉的人在社會上，沒有宗教信仰時，對人沒有分別心，會把人做好。卻被你帶進去（信了某宗教），時間都花在做些迷信的事，甚至於從此只愛與他同宗教的小群人，都以為自己的宗教是在高的層級，別人的宗教較低。

神愛世人，就是要愛所有人，當然也包括其他宗教信仰的人。天堂就是不分彼此，都很有愛心、和樂融融才叫天堂。不要有分別心較好，天堂不是只有基督徒才可以去，修得好的人都可以去。如果不去修正心與行為，禱告一輩子也無法進入天堂。

【例如】：有些喜歡禱告的朋友，他們都是有愛心、善良的朋友，禱告是好的。禱告是一種，自己與主神對話，有時也是希望別人好的心。晚上也可禱告或懺悔，非常好。這些朋友會信教，一定是相信，將來往生後可以到唯美的天堂。可是他們不知道，天堂的法規，第一條就是『尊重』。可見尊重別人是非常重要的，這些飯前禱告的朋友，不管旁人信什麼教（有些人不像我一樣可以接受所有人的教），也不管大家等廚房上菜已經等很久，肚子已經很餓了，大家都必須等他禱告完才開始用餐。他們不管朋友們的感受，即使自己的禱告詞非常的長，好像越長越虔誠、越有效。或者會說：「你吃你的啊！」，試想我看到你在與神對話，（我可是什麼神都尊重、敬重）我哪好意思吃。禱告詞內容有些是：「希望今天順利平安……等」的話，是不是可以在每天早晨起床時，就先禱告。信仰什麼教都沒關係，但要學會尊重別人，不是「只要我喜歡，有什麼不可以」，你的喜歡一定不可以影響或妨礙到別人，盡量站在別人的立場想，朋友才會開心，才能交到知心好友，

才叫做把人做好。這是修行非常重要的點,所以天上會放在法規的第一條。

我們從電視上看到日本大海嘯後的那些難民,個個都排隊領超商供應的食物與水。每個人都替別人著想,絕不多拿、也不爭先恐後,這就是尊重的表現。替別人著想的心,就是同理心、菩提心,就會得到功德。信上帝就是要學習上帝的行為,處處為他人著想,願意為他人去愛、去付出、去服務。如果不去注意修正自己的心與行為,禱告到老死也上不了天堂的。上天堂的資格,是要靠自己努力修好自己得來的。

兒子說:「很喜歡日本那種自給自足的生活」,我說:「很好,但是記得你家多出來的農產品,也許是絲瓜、也許雞蛋、也許……,要分送給左鄰右舍。因為自私自利而不願意付出愛的靈魂,是很難進天堂的,心量有多大福就有多大。」心要像大海納百川一樣,而不要只愛一條小水溝。心要寬、愛要大,格局才會大,路才會廣。看誰最能散發出愛的光芒,誰就適合住在天堂。

　　有些神相外表是神，但裡面住的不是神，有的是空的，不是你請他就會來，是由有修為的請或此戶主人有修為，比較請得來。有的因為是空的，所以被其他的靈進住，如動物的靈、魔……等。想想如果你是正神，看到此戶主人平日為非做歹，雖然每天供養你，但求你給他這、給他那，請問你還坐得住嗎？有修福的人才求得到，不是誰都求得到，要修得好才能心想事成。我們在求或禱告或用念力，想要得到什麼之前，也一定要先修好心與行為。想一想，自己為別人與社會付出了多少的貢獻。要不然為什麼我們要比別人更得到天神的照顧。如果沒修好福德，就得到一大筆錢，很可能是魔考哦！

　　不要隨便許願，而且如果隨便就答應你，「有求必應」的廟如你願後，你忘記還願，恐怕還要付出代價。所以不要到處亂拜拜，沒得到好處還卡了一些陰，因為他們喜歡聚在廟旁吸煙火，而你受挫折時、運正弱時，最喜歡去求東西，更有可能卡到陰，尤其黃昏以後更不合適因為他們正熱鬧。

　　有些逆境是菩薩或你的主神，設計來給你修智慧，也就是靈魂成長的。因智慧是靈魂升級的要件，也就是心才是決定你將來的去處。所有靈要升級都必須下凡來，人間是上面的大考場。所謂考試就是考你在人間的種種挫折，最後用什麼智慧去化解、什麼心態去面對，通過才能升級。

什麼是考試呢？

　　天上界是有階級（果位）之分的，與人間的不同在於，他們是以你在人間實行愛的成績，也就是對別人付出、給別人多大的幫助、來分的，或許也有是靈的轉換，要升級那就必須下凡來考試。就像學校一樣，讀書也要經過考試才能升級。考試沒過就繼續考、或重考、或降級，也許下一世投胎再重來，大都是考你在人生面對挫折，是用什麼樣的智慧來化解、或什麼心態來面對、或服務他人的心。因為心才是升級的要件，而服務是驗關的標準。以我個人的經驗，都是要用積極、樂觀、不輕易放棄、身段柔軟到趴到地上。被朋友傷害、或被判分開後、又回來找你，你要不計前嫌的發自內心，又真心的對他們好，有時還懷疑自己是不是人。還非常願意將自己的所學所能，免費教予他人。總之宰相

肚裡能撐船，有這樣的心態，你大概就可以過關，這是我個人心得參考囉！

當我們修正好自己，得到靈魂的提升，也幫助別人提升自己，從各種人生情境中學習，也要教會他人幫助別人學習。所以說求也無用，還是回到現實去想想，如何用智慧解決目前的難題比較重要。只要把你心中崇拜的神放在心中，偶爾與祂心靈對話或禱告，也算是心靈寄託。不管是學佛或信上帝或媽祖或……，都是要學習他們的行為，到社會上做有意義的事。

看到了很多人，很會求、很會拜、或很會禱告，上帝與菩薩眾神都已經聽到你們的請求與禱告。所以安排了很多修得不錯再來人間服務的助手，來為你們解惑，教你們如何修、如何把人做好。就像公司的總經理一樣，不可能凡事都親力親為，所以只要學學你身旁的親朋好友、左鄰右舍、修為很好、對人很好的人就好，不需再遠求。

卡陰的處理

一位師姊說她很努力修，偶爾會去幫人臨終或剛往生時的喪家助念，可是她很想死。我就對她說：「修行就是看可不可以今生，生活越來越好、越來越快樂，而往生後可以到更高層的靈界去。如果越來越想死，是不是哪裡有問題了？」當然我不否認，有時被考修行關卡時，有些人也是會很想死。但千萬不可自殺，因為來世還是要回來面對同類型的考試，換湯不換藥，逃避也沒用。還是要勇敢面對才能過關。或是卡陰、或憂鬱症，都有可能。只能提供一些情形，由她自行檢討。有的是被好兄弟跟；有的趴在你背上讓你背，使你肩頸酸痛；有的卡在身體裡，可能是冤親債主，會讓你想死；有些是讓你頭痛、拉綠便，不管你是哪一種，一般人不易分辨。

【方法一】：可先用七粒米加少許鹽，用一半冷、一半熱的水，也就是俗稱陰陽水沖開，洗洗臉與手、全

身更好，再將水往外、或後陽台外潑。有一次我試用後，頭立刻不痛，你們可以試試。

【方法二】：七張壽金紙錢，疊在一起燒，從頭到腳輕揮前面三下，後面也是一樣從頭到腳揮四下，再用腳跨過即可。

【方法三】：如果還是不行，可去地藏菩薩廟，擲筊問問，是不是卡到冤親債主，如果是再看是不是要念經或做善事功德給他，或懺悔，不管如何還都要菩薩同意再做才會有效。

【例如】：地藏庵：新莊人俗稱大眾廟或是大眾爺廟，位在新北市新莊區中正路 84 號。創建於乾隆廿二年（一七五七年）。每天早上九點可申請辦事，廟裡有法師可幫寫經文及助念。來顯現的冤親債主，只要正確處理，就不會再來討報。需圓滿〔冤親債主〕的需求。有些缺盤纏「金紙，蓮花，或素衣，超渡經文……」希望您燒化（誦唸）給他。

宗教行為迷失

是不是自己只是，一直背著宗教傳統的包袱與方法不放？也許只是迷信神佛的能力、崇拜偶像。沒有學會祂的行為，去社會上做有意義的事，卻做了一些花錢、花時間、又傷身、又沒功德的事。沒有得到真正，正確的修行知識。

【例一】：經書是拿來看懂如何修行，再落實在平常生活當中應用，不是拿來念的，念是在教好兄弟如何修，你對好兄弟好是善意、愛心、很好。但請先將自己用正確的修法修好，這樣才會修來更多的菩薩神佛保護你，自己的身體才不會受影響。自己先修好才有能力幫助別人，所以一定要得到正確知識而徹底的執行才能有功德、有福德，不是吃齋、念佛、拜佛、苦行自己就是修好。我們從古代到現在，天界上面修行的規則也是會有修正調整。

【例二】：拜拜達到心意即可，不要花一整天，長時間在跪拜、百次、千次，那樣只是運動而已，跪拜過度還會傷到身體。

【例三】：要去幫喪家助念時，要看看自己是不是生病了、或情緒運勢各方面都很低潮，如是就暫不前往，否則真的易被陰靈跟附，萬一，一定要去，前往喪家出來時，可去大廟前門進後門出、或側門出、或是回家用七粒米加少許鹽，用一半冷、一半熱的水，也就是俗稱陰陽水沖開，清洗淨身。

當我跟師姊說，我可以免費教她正確修法時，她問我有沒有出書，我說沒，如出書我會通知她。她說要買去送那些，修行的師兄、師姊。我再告訴她，如果每個人都能在活著的時候，就把自己的心與行為修好，是不是往生後就不用麻煩大家來為他助念、做超渡法會……等。有時你將助念的功德回向給他，他還未必能得到。功德是在菩薩手裡決定要不要給他，就算給了他，將他渡上了天堂、或極樂世界、或……，如果他的不良習性沒改，還是會再下來人間改到好，甚至於下去更低的靈

界，也許是地獄。像這些師兄師姊，是一群有愛心、又願意為別人付出的人，如果走對了路人生就變得大不同了。

所以我才用心推廣我的理念，希望有緣人都可以在活的時候，自己修正自己、為自己造功德。往生後別人要不要幫你超渡，就沒那麼重要了，因為修得好可以直升高層靈界。

看到某些人、或者通靈人，自身出現很大的經濟危機，就急著幫別人處理事情。像這樣一定要自己先安頓好，不要自己已經是別人的麻煩，卻急著要去做福德。自己沒修好是很難幫別人承擔事情的，真正帶天命、或帶任務來人間服務的人，他們的經濟來源都是輕鬆的，上天是慈悲的怎可能你在服務眾生，卻還窮困潦倒，是不是因為沒有真正走到正確修行的路，要自我檢視。

也曾見到有些人問他人念的是什麼經？那人回答：「金剛經」，他就覺得果然厲害，如果念的不是金剛經，感覺就平平。他不知道真正厲害的高人，是什麼經都不懂，卻在生活上徹底執行。

敬——尊敬父母、長輩、長官、師長，尊敬別人的心。

善——善良、成人之美、勸人為善、救人危急、興建大利、捨財作福、護持正法。

忠——忠於自己的良心，盡心誠意待人處事的美德。

義——合宜的事情，發慈悲心，讓義行得以顯現。

信——重承諾、守信用、說到做到，為人處事不可以太敷衍。

禮——對彼此的尊重，約束自己的行為，對人有禮貌。

仁——消極方面，「己所不欲，勿施於人，」積極方面，「己立立人，己達達人。」

慈——不要濫殺無辜，不要濫採花草，體貼他人，能生起替人設想、利益眾人的心。

智——智慧：能融會貫通以上的道理。把人做好又願意去做對社會有意義的事的人。

如何改變命運

　　車子有行車記錄器，而人也有個無形的記錄器，記載著你一生所做所為。只要你一直修正自己的心與行為，也就是個性、以及對人的態度、與服務他人的心，往正的方向走，你的命運就會越來越順。

　　如果你不修，為所欲為，回去靈界報到時間接近了、或是該完成的功課你都還不知道要完成，你的主靈急了就會開始靈逼體，也就會開始出現各種不順。所以只要是不順，就是要從檢視自己個性，改變自己、改變對人的態度做起。

　　所以要改變命運就是要靠自己，別人是很難幫你的，人生有百分之六十是定數，也就是你今生已經被安排來人間的課題，是考試、服務、還債、報恩、學習……已固定好了，而百分之四十才是你可以決定與左右的。

以前常常聽到福慧雙修，可見福與慧的重要性。福是往外做福報，幫助他人利益他人……，福報可以換享受、來財容易、吃喝玩樂。而慧是智慧成長，是往內修的，修正你的個性、你的思想（心）、起心動念，也就是修，出自真心的對待別人好、慈悲心，站在別人的立場想的同理心，也是尊重、也是菩提心、放下心、忍辱心、寬大包容心、總之從孝順父母開始對家人好，再延伸出去對朋友好，再對外人好……，到社會好、國家好。學會把人做好，你的命運就會開始改好。

心修得如何？就是決定你下一世要投胎到哪一道，也就是靈魂升級的要件。心修得越美、越接近完美、也就是個性越完美、越接近聖人，你的靈魂就越能到更高的靈界。

佈施是讓你學會為別人付出，不求回報，也是學會回饋社會，佈施才有福報。福得能換享受，來財容易，賺錢才會輕鬆。一位友人從年輕到老，只靠玩股票賺錢賺進數億元的財產。看了紫微斗數命盤的福德宮，非常有福報，就知道原來是前世修來的福報，不是他買股票選股多

神準。喜歡買股票的人,要學會佈施給可以讓很多人受益的地方、基金會、飢餓三十、紅十字會、孤兒院……。

想要書讀得好——捐錢或書到文教基金會。

或把讀過已不再需要的書,捐給需要的人。

或把所學無私的教與他人。

想要身體健康——捐錢或藥品、營養品、給需要的地方。

或醫療機構、或防癌基金會……。

想要孩子好或生孩子——捐兒福中心、育幼院、認養小孩。

想要家庭好——家扶中心、也可當義工。

想要破血光之災——先捐血,身體好的人平常要多捐血,如果知道今年有血光之災,就在年初去捐血。

我的第二兒子在大學時就已養成捐血的習慣,現在已捐血非常多次,我已數不清了,只能給他掌聲鼓勵,以他為榮。

想要美——捐錢到陽光基金會、送花給朋友或仙花供佛菩薩。

　　像我就喜歡把衣服、鞋子等……，可以美的東西早一點拿出來，讓隔壁的菲傭出來倒垃圾時，可以順便拿走，我還感恩她讓我有福報不致於浪費。

　　在天堂是，你的心有多美就可以長得多美。所以美要發自內心，才會永恆。因此給別人快樂自己才會快樂，給別人幸福，自己得幸福，給別人痛苦，自己得痛苦。有如行為的反作用力，因為因果的設計，經常是要你學習感受別人的感受，將心比心，所以才會給別人什麼自己得什麼，以此類推有錢出錢、沒錢出力（義工），要做到習慣成自然，想捐就捐、想做就做、才不會貪功德，如你有時間身體好，做義工也是破劫的好方法，隨時隨地可以幫就幫。

　　有一天我開車在朋友家的樓下等朋友，突然有一位眼睛已經灰白的80幾歲老伯伯，輕敲車窗向我要錢，我就給他20元。第二次再遇到，我看他牽著一輛破舊的腳踏車，在路旁撿紙回收資源，他看到我又來敲車窗，我再給他30元。第三次他又牽著那輛腳踏車再向我要錢，這次我找不到10元銅板，我就給他50元。瞬間我聽到老伯

伯發出大聲又爽朗的笑聲,他好開心,我也被感染了開心。我終於懂原來這就是,給別人開心,自己得開心。

現在便利商店有捐發票箱與錢桶,非常方便。盡量分散佈施捐到醫療或教育機構,最好不要假他人之手,才不會哪天發現某人是騙子、或某機構是弊案,一生付出心都碎了。

有位朋友幾年前都將錢捐給一名密教師父,我勸他不要假他人之手,親自去捐社福,他不聽他說:「我很忙沒空去捐,師父人很好會幫他做」,結果幾年後師父的為人讓他失望。當然密教師父也有好的,我們不能一竿子打翻一船人,不過我告訴他修得好的人,就是做人很好的人,處處為他人著想,很喜歡為別人無私的奉獻所學所能、願意為別人付出服務。像這樣的好人是不喜歡麻煩別人侍候他,也不喜歡隨便拿別人的錢財,真正修得好的人,都知道因果錢拿多了來世要還,貪嗔癡沒修好是很難上天堂的。

十幾年前我被騙錢,神透過靈媒說,他是神給他那麼多錢做什麼?他又花不到,叫我以後不要隨便捐宗

教，好的宗教當然有，但我們不易了解內幕。所以盡量捐社會福利、教育、醫療方面。

【例】：有位朋友因年輕時亂投資，又犯了些錯，現在過得並不如意。我看到他現在很努力，對朋友同事都很好，也很喜歡做義工，可是卻沒有看到他努力的重點用對地方。在他身邊有位女友對他非常好，一直為他付出生活中的所有照顧，可惜這位朋友每天禱告、信教虔誠，對別人都非常好，就是漠視他身旁的這位女友對他的照顧。所有的開心、關心、快樂、甜蜜，都與其他人分享，視身旁的這位女友的付出為理所當然。結果不用說他的事業與感情，也理所當然一挫再挫，因為修得好就是把人做好，要對所有與你有關係的人都好。跳過交往多年照顧他如家人的女友、或是對待家人都不如朋友、或對外人很好情緒卻發洩在熟的家人、或朋友身上，都不去想生病時是誰在照顧他，這樣的人就是沒感恩心的人。

人生挫折跌倒並不可恥，但如果每次跌倒的姿勢都一模一樣，那是不是要檢討一定是哪裡出了問題，每天

禱告，每星期多次上教堂，已經兩年了，命運都沒有變好，是不是要去檢視自己哪裡出問題？如果你的心與行為沒有修正好，上帝就如你的願，那不就是害你？這樣害人的事上帝不會做，上帝只會愛人，天上界是最公平的，除非她欠你，否則怎能容許你這樣無情的對待你的恩人？只要享受她對你的好，那還有天理嗎？都已經照顧他那麼多年了，一點感恩的心都沒有，還欺負她，很自私，心沒修好。因為我們都是來人間修行的，沒有通過考試，因為沒有修好感恩心、貪心和站在對方立場想的心。如果換他去為別人付出，照顧多年對方也以同樣方式對待他，做何感想？所以做人是不是出現了問題。

修行就是五倫關係都要好（父子、君臣、夫婦、兄弟、朋友的關係）。首先最重要是孝順，是報答父母養育之恩，敬愛順從父母。家庭之外，便是領袖與部屬、上級與下級的關係，做到盡忠。夫婦有別：先生與太太責任不同，各盡各的天職，夫待妻如朋友，妻事夫如賓客，家有大小事情，夫妻商議而行。兄弟有悌：兄弟姊妹之間的友愛，如手足般情深，相互幫助，上敬兄長，

下愛弟妹。對朋友言而有信，行必篤敬，不可失信用。

　　我們是來人間把人做好的，獨漏某些對你好的人，就是沒修好。不改就會繼續挫折，挫折是為了讓你學會去修正某些問題，希望他的人生還有很多時間可以讓他慢慢改、慢慢修正，只能祝福他了。

　　很多人都知道向上帝或菩薩……懺悔，是可以消業障除罪的，這是對的。因為只有在你活著的時候才能清除。但是很多人都不知道，以為我只要向上帝、菩薩禱告懺悔就好了，他們沒有注意到如果你所虧欠的人還在你身邊，你必須去做補救與回饋的行動，否則你的懺悔也只是流於形式、做做樣子而已，起不了做用。因為心還是沒有修好，要不然大家就一直做錯事、一直禱告懺悔，欠什麼都不用還了，哪有那麼好的事，這樣公平嗎？

　　有些人以為信這個教比較簡單，不講因果，信那個教比較複雜，有因果地獄……，較麻煩。其實他們不知道天上是最公平的，信什麼教都一樣，是你不了解而已，去天堂的資格都是一樣的。不管信什麼教，都是要

修正自己達到去天堂的資格要求為止，不會獨厚某教某人否則還有天理嗎？

我們不能只是一再向外做佈施、做福德，福德只是讓你輪迴在六道時有福可享，如果你來世成為人，有福可享、來財輕鬆、也許有人服侍、開好車……之類。又如果你不小心投胎成了狗，會變成主人喜愛的好命狗，享福極了，真是好狗命，每個人看到你都說你好可愛哦！

我們來人間的真正目的是要來修心的，心修得越接近完美，越好靈魂才可以生到更高層的靈界、天堂、極樂世界。一再輪迴是很苦的，像在學校一樣考試沒過，就一直挫到你學會修正為止。當我們一再挫折在同樣的地方時，就要學會看此次挫折中所隱含的功課是什麼，修正的習題是什麼。很多人只知道向外做福德佈施。卻不知道很多挫折是要向內心去找答案，去修正問題、修正個性、修正心、修正對人的態度。還有一些人背離了轉生前設定好的人生課題，例如你是來人間服務眾生的，你犯錯立刻現世報，就一再受挫打到你回到原先設定好的軌道為止。

【例如】：二兒子高中時成了中輟生，他喜歡打工賺錢不讀書了。當時的我心想完了，我實在無法忍受兒子只是個國中畢業生，就用他的名子去捐款參加各種善事法會，結果都沒用（後來知道在小孩16歲之前可用他的名子為他做善事16歲後只能教他自己做才能受益）。當時的我正在研究星座，看到他的月亮是巨蟹座，感覺是敏感又愛媽的小孩，又看到他時常咬指甲是沒安全感，缺愛的表現。兒子小時候很皮又愛黏在我身上，因為弟弟小又乖巧，所以我把愛大多給弟弟而忽略他。我開始時常去抱他，在他剛睡醒時用手牽著他的手，一面告訴他其實媽媽有多愛他，希望他可以重新去上學。我告訴他現在的頭腦是學習讀書的最好時機，賺錢以後有的是機會。就這樣兒子又開始上高中，換了四所學校總算將高中讀完（這種記錄並不多見），高中的最後一年讀完夜間部，白天補習考大學，考到全國模擬考第二名，被學校推徵上藥學系。現在是藥劑師，乖巧上進又孝順，以有他為榮。

所以說，人在挫折時，常常是往外找、往外求。真正要改的是你的心與對他人的態度，當你改善對人的態

度時，周圍的人跟著變好，社會也跟著變好，世界也就跟著變好。

如果你是開店做生意的老闆，生意不好就是要檢討，你是用老闆的角度在看這個生意，還是用客戶的角度來看生意。

【例如】：有一些商店的招牌一堆英文字，遠遠看去也不知道是什麼店。咖啡廳英文名子又難記，要與朋友約見面，不知如何拼音、如何告訴朋友才是正確店名。

名子只要好記、好認、好找地點就好，是客人方便的，不是老闆開心就好，一堆創意看都看不懂。還有一些咖啡簡餐廳，一進去我就知道生意一定不好。老闆想的是：「椅子小位子才會多，椅子不要太舒服，免得客人來了賴著不走，就沒有下一輪的客人，就會少賺，最好是消費完快點走才好接待下一組客人」。可是老闆不知道，不舒服、不好坐的椅子，我連進去都不想進去。喝咖啡就是希望可以與朋友聊天談事、輕鬆舒服，椅子最好寬大舒服，可以坐久一些，不要那麼急（真的趕時間時就會去買了就走或便當店吃就好）。去用餐喝咖

啡，就是想要有享受的感覺。還有些簡餐店加一點飯就要加10元，如果我說：「老闆，我的飯只要一點點」，他都不會說退10元給你。做生意小錢就不要太計較，如果老闆不去用客人的角度思考問題，生意怎麼會好？所以想改變命運一定要學會自我檢討，學會站在別人的立場想，要有肚量才會有福報。

做有意義的義工

當義工可以消災、破劫,如果有時間精力盡量去做。尤其經濟不是那麼寬裕的人,義工更是最好的選擇。請走到真正需要叫人幫忙的地方,如癌症安寧病房、育幼院、精神病院、老人院、特教班老師、圖書館、資源回收站、國家救難隊、義消、義警……等。還有很多災難時,先到場的義工們,都默默的付出,真的很令人敬佩很有意義。

曾有宗教團體在幾千人大會時,用了幾千位義工。這些很有愛心的義工,花了一整天的時間,只為了拿一個便當給師父享用,師父是不是可以用自己雙手去拿即可。當然也有師父修得很好的,我們給他肯定,但師父如果修得好,我們只要學習師父到社會上做有意義的事就好。這些有愛心、肯為別人付出的義工,以為侍候師父是很有意義的事、以為有很大的功德,其實未必。因

為修得好的人就是做人很好的人，不喜歡麻煩別人，不喜歡欠別人太多，反而很喜歡為別人服務付出。

其實我們現在社會上，逆境多、好修行。出家師父未必會修得比社會人士好，這件事問很多女修行人就知道了。有婆媳問題、妯娌問題、婚姻要與第三者爭、孩子叛逆……有些還有工作壓力。修得好肯定給高分，真的困難多了。

古代供養師父是有時代背景的，這一村要到那一村講經說法，路途遙遠只能延途托缽。現在寺廟內的師父就是一種職業，他們的職務就是念經超渡祖先，消災點光明燈……等，都會另外收費，有一定的費用。不管哪一種修行，都要用服務他人來做驗關，也就是靈魂升級考試的標準，可見學會付出服務的重要性。不過，我們還是要尊敬師父的職業。

我們平常要養成舉手之勞就可幫到別人盡量幫的心：

【例一】：某日黃昏，突然下起傾盆大雨。看到一群小學生淋成落湯雞，而我拿著一把傘，雖然只能護送一位小朋回家，盡力就是了。

【例二】：某天我去爬山，在回家的路途，看到一位正用腳倒推自己，坐在輪椅上的老伯伯，眼看前面下坡他可能會失去控制，我就主動問他需要幫忙嗎？老伯伯請我幫忙，我幫他推進養老院。有時舉手之勞卻會讓人感覺到，人間處處有溫暖，而自己也覺得開心。

公德心與同理心

　　我曾經將香皂加上白色磁器的皂盒，放在中庭供出來倒廚餘的人不小心弄髒手可以洗手。沒想到第二天就不見了，剩下香皂。也許有些人以為自己是省錢達人，就將公共用的衛生紙偷回去，以為神不知鬼不覺，不知道那些行為全記錄在自己的記錄器裡，將來會被拿出來一一清算。有些人曾經歷過死亡邊緣，一生的經歷都會被倒帶，那就是記錄器。天上是一個自我要求很自律的地方，為了一些不是很值錢的東西，讓自己將來要付出極大的代價，不斷的再輪迴。因為貪心，將來投胎越來越貧窮，值得嗎？

　　希望那些喜歡佔別人或公家便宜的人，好好的醒思為何有些人熱心公益，因為他們有智慧，他們時常站在別人立場想。他們懂得現在小小的付出，將來將得到更多，也許永住極樂天堂，不需要再輪迴了。

　　有一天同學80幾歲母親到家裡來玩，我記得她年輕時皮膚都黑黑的，這回我看到她的皮膚很白，我就問她平日都做些什麼？他說：「她從年輕到老，住在北市鄉村，經常打掃左鄰右舍、巷頭巷尾」。難怪皮膚那麼好。因果的設計時常是行為的反作用力，也就是要我們學會將心比心，給別人髒自己髒，給別人乾淨自己乾淨。去感受別人的感受，去站在別人的立場想，這就是學習的功課。所以想要皮膚漂亮，不要再亂丟垃圾了。

　　我從年輕皮膚就不是很好，看到同學的媽媽年紀大了，皮膚還那樣好，我也想要效法她。我家大樓有請清潔人員固定清掃，可是假日時大家都休假，騎樓下無人打掃，晚上被丟了很多垃圾。我看不下去，就在每個假日清晨親自打掃。鄰居看到我打掃的人都說：「不可思議，我怎麼會親自打掃，我看起來比較像指揮別人打掃的人」，都說要選我當里長。所以奉勸那些想當里長的人，選民眼睛是雪亮的，要在平日付出服務。哪怕是舉手之勞，大家都能感受到，不要平常不付出，等到選擇時才到處拜託。其實我希望國家可以重新宣導，加強

公民與道德，回到傳統倫理，父慈子孝、長幼有序、禮貌、公德心……。

　　近來看新聞常感覺到社會道德淪喪，新世代的人經常是非不分，自己做了壞事還POST在網站上，供大家欣賞。如虐待動物、蹺孤輪……等，要不是社會真的病了，或是人們沒有了羞恥心，很令人憂心真的需要被再教育。

　　為何現在社會感覺是亂的，因為沒有了傳統倫理道德，自然就沒有了秩序。所以想要有一個富足安康的社會，就是要回到從根本治起。現在的孩子越生越少，有的已經寵上天，有時逛街看到小孩對母親的態度，真是令人嘆息！不知何時才能見到父慈子孝、夜不閉戶、路不拾遺。

　　當人民的自由已開放到一定程度時，一定是人民已有了相當層度的自我約束能力的時候。但現在不管人民是不是有一定的知識、能力、智慧去判斷哪些領導人的做為才是對國家社會有幫助時，他已有了投票決定權。形勢所逼那些領導人只好做一些討好人民的事，不管所

開的支票能不能兌現，會不會拖垮國家的財政，先開再說。他們也很無奈，像這樣已經給了自由與權利的糖果，總不能再從別人的嘴裡拿出來，那就只好重新回到從教育人民，要有自我約束能力的四維八德、五倫、傳統倫理道德、百善孝為先的根本開始倡導起。當人民的修為與自我約束能力達到一定的水準時，剛好可以與文明自由的開放對等達到平衡，那就不亂了。社會秩序就會變好。個人修好影響周圍的人，周圍的人好影響到社會，而社會好時國家就好，國家好時世界也變好。

不要執著

　　人的靈魂是種能量，當你死亡時，異世界的相同能量會吸引靈體進入異世界（天堂或極樂世界或地獄……）。如果你為了某事執念太深，靈體就會受到影響，思想就會一直困在那執念中，使他留在原地無法離開。

　　現在天災人禍日漸增多，每個人都不知道自己何時往生。所以要隨時做好死亡的準備，先交代好後事，才不會死了還放心不下，財產沒分配好、家人……等。有的以為自己還沒死，經常死了還依然回家做著生前習慣做的事，發出聲音嚇人。

　　【例如】：有位朋友的母親死了一陣子，卻每天依然回到房間擦著平日愛擦的萬金油，朋友嚇到不敢進母親房間。

　　以我的例子：我告訴兒子我死後會到天堂去，我可快樂得很，千萬不要傷心，我會在那裡快樂的等你，你

要好好的修，我們就可以很快的在天堂重逢。他調皮的說：「啊！我不能幹壞事了，有媽會監視我。」我說如果你不好好的修，一直輪迴，我就要等你很久，如果你想念我，只要對著菩薩相說話，菩薩一定會傳達給我。

在生前對靈魂永生有相當程度了解，做人很好，也做了很多對社會有意義的事，往生後就較易進入天堂。宗教執著也是執著，達到心裡寄託即可，天堂不是為哪個宗教特別設定的，而是為所有人類所有，天堂要求的是對他人的愛的付出與純真的心、及服務他人的心。我們會再度來到人間學習，就是因為有此固執習性尚無法通過靈魂升級的考試，所以重修。

錢財也不能太執著，有些人很有錢，依然過著窮人的生活，如果他懂得佈施還好。因有些人是省自己，康凱別人，如不是有錢、又不佈施，恐怕下世投胎會去窮鄉僻壤……之類，花費較少就能生活的地方，反正你也不需要，那麼多錢也無意義。

活著時平常就要養成不計較與原諒別人的心，今生如有人傷害你，而你耿耿於懷，緊抱別人的傷害不放，

是否等於慢性自殺，慢慢折磨自己，剛好如了傷害你的人的願。所以只要把被傷害的事，對著好友或心裡醫師或心理輔導員，勇敢的說出來，就會很快釋懷，說越多次越能釋懷。今生將不好的種子清出，比較不易造成來世因果或心結。如是自己不慎傷到別人，就要自己懺悔，如當事人還有聯絡，就盡量去彌補自己的過錯。如找不到當事人就在神相前懺悔認錯，請某神做主，願意將今生所有的功德優先還給被自己傷害到的人與虧欠的人。沒信仰的人可對好友懺悔認錯，現在男女情感分手要盡量站在對方立場想，說清楚、講明白，以最不傷害的情形下和平分手，才不會造成遺憾，世世糾結。只有在靈魂有肉身時才能清除曾犯過的錯，機會要把握。

如果將自己的傷痛說出，可以給別人正面教材或治療別人，因你的故事比對方悲慘，因而對方得到了安慰或釋懷，是不是也很有意義。

【例如】：我在英文補習班時來了一位同學她長得很美年輕時就嫁給一位有錢的老公家中有請司機、有請佣人。原想從此高枕無憂，誰知事與願違，人算不如天

算。老公每天三更半夜才回家，打電話都不接，同學感覺自己命怎會如此，都快得憂鬱症了。沒想到遇到我，我告訴她至少你丈夫每天回家，只是晚歸，而我的丈夫是想回家才回家。比較之下原來還有人比她來可憐，從此我們變成好友，人生越來越精彩，一起玩得很開心，也一起去讀基督學院，時常下課一起去唱歌跳舞……，反而感恩對方，使自己的人生變精彩，也幫助那些婚姻受挫的女人走出人生谷底。

　　人生碰到挫折傷心難免，不要讓自己悲傷太久，盡量用轉移法把自己聚焦在其他人或事上，難過就會快點過去。有一天我心情不好有一位可以感應到靈界的朋友說，她感覺我當天有一堆好兄弟跟在身旁，她在過了幾星期後才敢告訴我。這就是為何不可以讓自己低潮太久的原因，我還調皮的問朋友說：「我當時看起來會不會像，電影艋舺裡一堆兄弟一起出動。」沒辦法天生樂觀愛說笑。

　　前面說的是關於這世，如果是來世，你不原諒別人就要再陪他來人間，解決因果關係。要別人還你，你

就必須付出代價。如他欠你錢，那就你變窮人，再由欠你錢的人來還你，他就比你會賺錢，可能社會地位能力都比你高，只是他本人很省錢，都給你花或你傷殘，由他來照顧……等。總之很不划算，還是算了吧。平常就要養成不計較原諒別人，才不會突然死掉，來不及說：「別人欠我的我都不要」，結果又得凡間到此一遊。

我是一個不記恨的人，傷害我的人只要他們願意回來，我都會依然的真心對他們好。

不要妨害他人成長

依我所知第一重罪是自殺，第二是殺人，第三是妨害他人成長。

很多人既慈悲又善良，常常見不得別人苦，就會幫別人承擔過多。但幫別人承擔時，要注意也必須幫對方靈魂成長，幫對方修正缺點，教對方學會自己承擔責任，就像給別人魚吃，不如教他釣魚，是同樣的道理。否則你剝奪了對方承擔責任成長的機會，濫慈悲也就不慈悲，也就犯了妨害他人成長的重罪，下一世還要陪他來解決因果，吃力不討好。

我們之所以再來重修，就是有沒有學習好的功課，所以不管是朋友同事家人……，都要互相學習優點，而互相修正對方的缺點。有些人以為不要告訴朋友他的缺點，以免得罪他讓他生氣，其實這是錯誤的。我們都是

因為習性尚未修好，才再度來到人間，當然是自己修好又幫助別人快點修好，才是最好也會有福報的。

我們也曾聽說過，「能幹媽笨兒子」。因你能幹凡事都幫兒子做得好好的，兒子不需要努力就什麼都有了。有一次遇到了一位大學生妹妹，她問我要不要吃橘子，就從包包裡拿了一包，媽媽已把橘子皮去掉的橘子，已成水狀。看了我都不敢吃。這位媽媽是不是服務過度，妨害了妹妹成長，妹妹以後會不會成為一個有公主病的小妹妹？

也聽過懶媽有能幹聰明的兒子，因為他必須自立自強，沒有靠山，凡事都得自己來，母親還常常指揮他做這、做那，成就了他獨立的個性。

有些人好手好腳，不去工作在家中，不去工作你還一直養他，讓他變成無用之人。對社會沒貢獻只是一隻米蟲，來世就要承受你與他之間之因果。也許下一世這個人就成了你兒子或丈夫，讓你痛苦又無奈。還有些人很愛賭，賭輸你還不停的幫他還賭債，讓他不知從

中得到教訓成長。曾有一位朋友長年愛賭打牌、玩股票……，經常賭輸就向週邊的朋友調錢，履勸不聽。我告訴他：「為何開水很燙用手摸一次就知道要抽手，你何以試很多次還不知抽手。」最後決定不再當他的後援會，現在他自立自強過得很好，再也不用替他操心，所以說放手才是成長唯一途徑。

　　如果家中有人遭受重大挫折或得了重大疾病，如中風傷殘……等，因一時的過度打擊使他沒了信心，這時身邊的人一定要經常說些鼓勵打氣的話語，直到他恢復信心，他才可能重回職場。否則可能一蹶不振，從此成為家中的負擔，你付出了多少的愛心，就是給對方多少的支持力量。

如何增加貴人與減少小人

　　要增加貴人就要先學會做人，曾有位年輕朋友因公司辦聚會，要買些食物。他先訂好幾百元的食物，請我先墊錢幫忙開車過去拿。我也二話不說照做，結果食物買回來，因他沒交代要收據，到了會場他表示無法從公費請款給我，他也沒想付錢，食物就拿去請大家吃。因此變成我出錢出力給來賓享用食物，我是無所謂，早已習慣佈施當做結緣，只怕從此這位年輕人又失去了一位貴人，以後誰敢幫他，是不是做人出了問題？是不是應該借錢都要還了這筆錢表示負責，將來想請人幫你大家都很樂意。

　　也曾經遇見一位賣高級汽車的業務員，約見面說：「馬上到！」讓我在寒風中穿著高跟鞋等了一個半小時，仍不見蹤影。他從此人間蒸發，手機也不接，不來只要說一聲就好，像這樣的人誰敢跟他做生意，介紹客

戶給他。所以要有貴人先學會做人，寧可自己吃虧也不要讓別人吃虧，多幫別人、常懷感恩之心，貴人就會源源不絕。

防小人的方法

　　我比較贊成用化解的方法，如果那個人看你不順眼，你想辦法主動的示好，比如先開口與他談話，主動請他吃小點心，之類……。先放下我們的身段，人心是肉做的，做多了、做久了，自然會打動他就化解了。朋友說：「討厭的人我們還要請他吃糖喔！很想用打小人啊！打小人用拖鞋扁他！」我回他說：「那只是發洩情緒，也許再加一些詛咒，詛咒別人容易，反過來傷到自己是不好的，給別人什麼自己得什麼。」

　　今生如能化解恩怨情仇最好，免得來世行成因果，繼續糾結。曾看過一個因果故事，只因為前世將院子的樹葉掃到鄰居家，就形成今生的婆媳問題。或者將你與對方的角色互換，讓你學會將心比心，站在對方立場想。與討厭的人巴不得離越遠越好，還要再糾

纏，也許來世變成甩不掉的家人那就慘了，還是今生債今生了好了。

放下身段與堅持到底是靈魂升級必考的項目。

學習永無止境

　　從古至今人都是要從生活中學習，增廣見聞，有了知識才能啟發智慧，而智慧就是做人能否成功的根本，可見學習的重要。

　　我們曾聽過「萬般帶不去，只有業隨身」但除了「功德簿」外，還有「特別專長」也可以隨身成為下一世的潛能。累積越多世，越靠近此世就越能發揮。有時間興趣可以多多學習各種才能或藝術、音樂……，在天上都很能發揮。

　　時常看到有些男人退休後，就沒有什麼有興趣的事好做，時常注意著老婆每日的動靜，造成老婆的壓力。也有些長輩也是什麼興趣都沒有，除了看電視、朋友不是少、就是死了。年輕時黏老公、老時黏兒子，造成兒子極大的負擔，如果可以在年輕時就開始培養多一些的興趣，是不是會更好。或是現在年紀已經大了，那就去

里民中心學些打毛線、書法、畫畫、插花、做點心……之類，如無法行動就做靜態的，可以行動就可以到社福中心做義工，或活動中心交朋友。像我早就想好了，我會一直推動把人做好的理念，直到上天堂感覺很有意義，絕不可以讓自己一生對社會毫無貢獻，又可以一邊累積朋友、一邊學習我興趣的東西，我很怕孤獨，不想老的時候只能在家看視，所以現在永無止境的學習。

曾經看過一則故事一個人問靈媒他的媽媽死後現在過得如何？她說：「他媽媽正在天堂找教室上課，看看有無可以學習的。她媽媽是好人，所以上天堂，可惜沒有一技之長。」我兒子聽了對我說：「媽你慘了！你除了算命外，其他興趣都不精，天上的人應該都不用算命吧。」我回說：「所以我現在正認真的在學習各種才能」。

其實人間有很多的動聽名曲或最新科技發明，都是上面先發明再將意念傳給人間的發明家，讓他們有了創作的靈感，包括電影也是。近幾年是不是出現了很多的末日預言災難的電影，也是他們借電影傳達訊息給我

們，希望我們能有所覺悟、警惕，而去做些挽救地球的
動作，因為祂們會知道我們是可以做到的，只是我們懂
不懂、願不願意去做而已。

夫妻關

　　有些人是自願來人間修夫妻關的，是不是自願或是還債……，反正我們都不知道。而來人間考試的大都會結婚，夫妻關要修得好是有一定困難度，也充滿著挑戰，一但通過考試就可以得高分。但要真正考得好過關的並不容易，因為修夫妻關的人其實互相並沒有債務問題，卻感覺像欠債，所以要過關還真是要一翻功夫呢！

　　結過婚的人相信都很清楚的了解到，兩個不同環境生長背景出生受教育的兩個人，要有相同的理念或價值觀或生活習慣……，都要溶合是多麼的困難，要有多大的包容心，有些人聽到別人說與丈夫是七世夫妻可能感覺很開心。先不要高興得太早，表示你們兩個很不長進，不長進都過了七世還沒互相修正好。是不是靈魂一直無法升級呢？我承認夫妻或男女朋友長期相處要修得好確實有相當的困難度，許多的忍讓、犧牲、成全、照

顧⋯⋯，但不管劇情演變是如何的高難度，都是要以幫助對方提升心靈成長與互相修正彼此的缺點的角度去經營相處，才不致於歹戲拖棚世世糾結。

我的丈夫在經濟物質方面對我非常好，比一般人都好。在他上班的時間，我也非常自由，因此我很感恩他，曾在他早晨運動爬樓梯時，他往上爬我就在他後面；他下樓梯時我又跑到他前面。因他頭腦聰明，手腳卻較一般人不靈活，怕萬一他跌倒時我可以成為他的肉墊，而他過馬路時我都幫忙看來車，我能回報他的就是照顧他到無微不至。但是他對孩子的教育方式及對孩子的要求，希望好還要更好，經常為了孩子，我在開車送他上班約30分鐘的路程上，從上車被罵到下車，有時不幸還碰到塞車那更慘了。

【例如】：母親笨吱吱⋯⋯之類，有時被罵到明著掉眼淚，有時他下車後暗自落淚、或放聲大哭。所以在孩子學業受挫的那段時間，生活中盡量不要提半字「孩子」，以免又引他怒火中燒，換來一頓罵。我也知道他是愛孩子的，只是恨鐵不成鋼，而我也從來不認同他，

因為我從來不認為自己是笨的。在被罵的中途默默不出聲也不行，有時忍不住回他兩句，他更氣，真是回也不行、不回也不行。也曾經在家中言語不合，怕他太生氣血壓會上升，而選擇立刻向他下跪道歉，才平息風波。不管是不是自己的錯，都要承認自己的錯。總感覺丈夫是來給自己修忍辱的，有時自認身段柔軟到可以趴到地上了，真的忍常人所不能忍，忍辱功夫雖然稱不上一流，但亦不遠矣！

被罵後我的心情無法宣洩，有時找朋友出去玩或拼命的買東西，我從小就很愛美，所以都是買服裝飾品，尤其鞋子。朋友都說嚇死人了，你是伊美黛第二嗎至少有100雙鞋吧！我都回答：「是第三，我樓下還有一位朋友才是第二名。」有時鞋子不是穿壞，而是放到壞掉。所以只要可以我都盡量將不穿的鞋子，送給朋友或隔鄰的菲傭，管它朋友是不是穿著就跑而不再理我（俗語曾這麼傳說）。也曾經衣服一萬元一件，花七千元買到，品牌吊牌還沒拆掉，衣服的花色已過時，就又送給慈善機構。後來想想這也不是辦法，我跟本只是愛買東

西而已，越貴穿的次數越少，因為覺得有大的場合再穿。之後很少穿，放到過季送人。我決定重新思考，我只是愛美加宣洩情緒，從此盡量買價位不要太高又好搭的。到處逛、到處買，只要讓我開心就好，還好我不是非名牌不用，不然就慘了。

還有一次大哭後，立刻打電話給好友陪伴去捐錢做善事，路上朋友聽我訴苦，講完捐完心情就好了。如果你是屬於心情不好，會自憐自哀的人，就可以用做善事或義工療傷。

所以說夫妻關要修得好真的很難，真的要有很大的包容心、忍辱心，又要互相修正對方的缺點，真的不容易。所以我選擇自己先修正好，再慢慢修正對方，反正朋友都說，我會影響人於無形，先要求自己修好再要求別人。

我的夫妻相處心態調整：雖然現在是講求男女平等的時代，一切講求公平，但就是凡事講求公平，誰都不想吃虧，自然就有很多的磨擦發生。除非想離婚，如選擇離婚又會影響到孩子，問題更多。如不離婚，就要有

一套自己的相處之道。因此我將自己的身段放回到「古代那種傳統女人的角色」，願意吃虧忍受委曲。

怎麼說老公也是付出努力賺錢養我，還比別人給得多，又讓我每天打扮漂亮，去與朋友喝咖啡聊事非。何況老公的學歷、能力都比我強，想改變對方的個性談何容易。當然只好山不轉路轉，路不轉人轉。稻穗飽滿時頭更低，看起來是輸其實是贏。只要我低頭就可以家庭美滿，不用花時間去努力賺錢。以我身體體質差，如果我花時間在工作，就很難再有體力去做我想做的事或娛樂。出去工作賺錢也是要看老闆的臉色，還不如忍忍就算了，至少他上班時間長，表示我自由的時間也很長，這樣想真的心裡就平衡開心多了。

我有一位美女好友，嫁給一位從事化工類的企業家，住著是千萬裝潢的大廈，老公很疼她。前一陣子，她要去老師那裡看他的前世今生，我要求她一定要問老師，她前世到底做了什麼事情，今生才可以人長得美麗、又有錢、又不用管孩子的功課，孩子的功課由丈夫管。每天打扮的美美的，做臉、做指甲、用名牌

包……，家事有人打理，總之就是比一般人好命。結果老師說她前世是一為宮廷中的王妃，今生的丈夫在前世是一位好的宰相，當時的王妃不是捐很多錢，而是對人很好。當時的宮廷生活多爭寵，爾虞我詐，她卻可以拿捏得體，該說則說，不該說則不說。做人非常成功，這是真實的案例，想要又美又好的命的人應該知道如何做了吧！

男女之間不要因為他是丈夫或是妻子或是身邊的男友、女友，就一直做出騙他的行為，或自己的錢不花，拼命去A對方的錢。只要是你之外的人，你都要用真心來對待他，因為那些都是評分的標準，想要對方給你什麼，一定要徵求對方的同意，否則跟外面的騙子有何不同？甚至比外面更可怕。以我來說我先生每個月發薪常常是叫我自己拿、自己數，而我都不會多拿。男女之間要修好就是修，願意為對方付出不計較，而拿的那方要用感恩之心，也去為對方付出，也許是照顧、也許……，不要因為是自己人，就不去在意對方的感受，而專欺負身邊人。修行就是要對自己之外的所有人都

好，不可以跳過家人或身邊人，只對外面的朋友好，否則就談不上修好。

曾看過有些人會佈施，就以為自己修得好。因自己有錢，就用態度來輕視現在正處在逆境的男性。沒有慈悲心、尊重別人的心、寬容的心……，心都沒修好怎能稱上好。心才是真正得「功德」的地方，也是靈魂升級的要件，是不是要再修正呢？

應該要：「順境時藏著尾巴做人，逆境時抬頭挺胸做人，達則兼濟天下，更要照顧那些正遇困境的人才是」。要廣結善緣。

從以上的種種是否發現我們可以吃好、穿好、用好，只要不過度追求奢侈浪費，把不用的東西捐出去給需要的人，修掉一些不良的壞習慣，不用苦行自己。若要苦行自己才修得好，那我一定修不過，因為我很愛美。修行真正要注意的是，我們對待他人的心與態度、行為。所以享受今生又修來世，生生世世都住在好地方，不管來世是人還是神。

孩子教育篇

　　現在有很多的單親家庭，也有的是看起來雙親，實際上是過單親生活。不管如何只要孩子是歸你照顧，你就要盡量去美化另一方，才不會害了自己害了孩子。孩子的心理無法平衡，日後就會有很多的問題。當年我的孩子還小時，爸爸從早上9點到晚上9點都在上班，下班有時還不會立刻回家，孩子很少見到父親，都是靠我自己給他父親塑造形象。我都告訴他們爸爸有多愛他們，孩子有得到愛將來才會懂得如何付出愛，孩子的品德好人格正常，將來一切都較順利。

　　我有一位好友目前是單親媽媽，有兩位現年讀大學的兒子。孩子的父親自從孩子國中時即離婚，離婚後就失去聯絡再也不曾來看過孩子。好友就對兒子說：「將來有一天萬一你們的父親老了，如果又回來找你們，你們記得一定要照顧他。因為不管如何，他都是生你們養

你們到國中年紀才離開的父親。」像這樣教育孩子要孩子有感恩的心，將來是不是也會孝順母親。我給他掌聲肯定，孝順的孩子將來事業各方面都會比較順利，因為我們都是來修的，早點修好當然就早點順囉！

一位好友當特教班的義工老師很多年了，我很敬佩她的愛心與耐心，我都說這個義工非常有意義。某天她告訴我，有一位國中生不斷自殘手腕，已有多條傷疤。我告訴她因為那個孩子得不到愛，所以否定了自己存在的價值。他說沒錯，他是祖母帶大的，父母離異。我就請她與這國中生的導師可以多一份愛與關懷給這孩子，也許對他會有幫助。從這例子我們可以發現「愛」對一個人的影響有多深，我們還要吝嗇付出嗎？我們來人間就是要學會付出愛。

有時教育孩子也要用對語言與方法，像有些人當著孩子的面前對著朋友說：「我們家的某某胖得跟豬一樣，或笨得跟豬一樣……等。」像這樣傷孩子自尊心的語言最好不要出現，或是過度命令的強勢語言也一樣。孩子須要被尊重，將來才懂得尊重別人。

【例如】：一位友人告訴我，她的兒子高中書讀得不順利，又在外交很多朋友，問題很多。我就舉我的二兒子讀書中輟那例子給她聽，希望她也可以從自己對兒子的態度改變做起。我問她你是獅子座的個性，比較好強。你喜不喜歡別人用強勢命令的語言對妳與妳說話，她回答：「不喜歡」，我說那就對了，妳兒子也是獅子座的，他當然也不喜歡你用強勢或命令式的語言對他，將心比心。她回去後做了些改變，對兒子的態度語言盡量溫柔。例如：「我叫你去做功課聽到了沒」改成「功課做好了嗎」，是不是柔和多了。用鼓勵多過責罵，盡量少用命令語言對兒子。現在雖然未達理想，但已在進步中。所以只要修正自己，改變對別人的態度，一切都會跟著變好。

我是一個主張愛的教育的母親教育人都是紅蘿蔔與棍子齊用印象中我教育孩子時紅蘿蔔用得多。

三個兒子雖然都經過求學中途挫折，但品德都不錯，都很孝順、愛媽。現在老大日文流利，是電腦工程師，在日本上市的電子公司上班，老二是藥師，老三是

獸醫師。雖然還沒達到父親的要求，但我已滿足，因為我要求的是人格發展，是道德。以下是我如何教育他們的例子：

【一】：我們時常看到一些高級一點的西餐廳或場所，有些孩子跑來跑去或不斷的喧鬧吵鬧，很難安靜的坐著，也影響到自己與鄰座用餐的心情。以我個人的經驗，對於小的小孩可買些未開封的玩具、火柴盒小汽車、小樂高……等；對於較大的小孩可買未開封的漫畫書，先不要給他，等到了餐廳再拿出來給他，他就會安靜的坐在那裡玩或看書。這樣就不會影響我們與鄰座的用餐心情，何妨試試。

【二】：二兒子和三兒子都在南部讀大學時，因為他們畢業都要考證照，所以我們要他們專心讀書，沒有打工。給他們充分的靈用錢，教孩子偶爾要請朋友喝喝飲料，吃吃冰棒……之類，才會有朋友，也能廣結善緣。孩子離鄉背景去求學，也比較有人照應，受歡迎自然貴人多。也教他對有恩於他的朋友要懂得回饋，小孩受到同學的喜愛，這樣的環境孩子會比較快樂，當然零

用錢多寡由家長自己斟酌。小兒子讀的是國立大學獸醫系，畢業前曾請其他學校研究生幫忙做病理報告，因他們有很好的實驗室，結束後他就買蛋塔去請他們吃。還有一次到某獸醫院實習結束後，又買了蛋塔去感恩院長，像這樣會感恩的孩子，將來就比較不擔心他沒貴人、沒朋友，我知道後就給他掌聲鼓勵。

【三】：小兒子考重機駕照三次都沒過，難過極了，因為他弄錯規則，要在線內停7秒，他以為要在之內時間衝出去，非常沮喪。我就告訴他以下故事：有位父親苦於孩子已經16歲了，還沒有一點男子氣概，就去找禪師幫忙他訓練孩子。禪師說：「你把他放在我這裡待上半年，我一定把他訓練成真正的男人。」半年後父親來接兒子，禪師讓他觀看他的孩子和一個武術教練進行比賽，只見教練一出手孩子應聲倒下，孩子重新站起來迎戰，但馬上又被打倒，又站起來迎戰，就這樣來來回回共18次。父親覺得非常羞愧說：「沒想到兒子這麼不經打，一打就倒了。」禪師說：「你只看到表面的勝負，你有沒有看到他倒下去又站起來的毅力呢？」說完

故事後，我就對兒子說：「我就是那個禪師，我看到的是你的勇氣和毅力。」而他的大哥接著說：「別氣餒國父革命11次才成功，你還有8次，繼續努力，加油！」

　　我覺得小孩小時，應該是品德重於課業，定形後即使青少年叛逆期，也壞不到哪裡去。但如品德沒教育好，一旦青少年交上壞朋友，往往難以收拾，無法回頭了。

　　我高中第二年就生小孩了，所以一路跌跌撞撞，一手帶大他們。都是用愛與關懷、鼓勵，代替責備兒子。表現好時我的誇講都是誇大的，誰都希望得到別人的讚美，也曾說是誰生出這麼棒的兒子，順便誇一下自己。現在他們都長大了，又懂得孝順愛媽，我也愛他們以有他們為榮。所以說：「天下沒有飛不起來的汽球，只因它尚未打氣。天下沒有教不會的小孩，只因他尚未被鼓勵。」

責任感的重要

　　某天晚上，小兒子突然對我說：「他要懺悔，因為他過馬路沒走斑馬線，害了兩位騎機車的騎士跌倒擦撞，他扶起第一位問他是否受傷，要賠給他一仟元他不收。第二位的車有小小的受傷，賠給他一仟圓對方收下。」兒子說：「如修車費不夠再打電話給我」。兒子懺悔完，我跟他說：「以後走斑馬線記得教訓就好，此次處理得很好。」兒子說：「要將第一位不收的錢一仟元捐給慈善團體，功德迴向給第一位（不管對方是否收到）。」我對他說：「很好這樣就好了，也不要過度放在心上，造成來世的心結，以後不要再犯就好。」此事件讓我們看到，知錯與負責任的態度，給予肯定。

　　因果的形成是該盡的責任未盡，因而造成別人的傷害，可見責任感的重要。如果小孩不滿20歲就將他棄養，該教養時不教養，造成社會付出很大的代價，孩子

的身心靈也受到創傷。家庭婚姻該盡的責任未盡，工作不努力，拿了老闆的錢財不願付出心力，混水摸魚，父母年老不照顧……等。

【例如】：有位男性友人有3位2-7歲的小孩，平日夫妻都要上班，假日放假時丈夫就到廟裡去幫忙做義工。我告訴他小孩不滿20歲前，養育與教育都是他的責任，責任未盡就易形成來世的因果。孩子還小假日先陪他們才對，先盡責再做功德，不可逃避。

有些人自己是別人的麻煩，生活費已成為別人的負擔，卻口口聲聲要去幫助別人。應該先回來幫自己，自己不再成為別人的負擔時，再去幫助他人，不可本末倒置。

小孩在16歲以前，家人可以用他的名子為他做功德，16歲以後，必須教他自己做，他才會受益到。天上界也留了百分之十的考試名額，給慈善家的小孩優先錄取，但記得那些名額是給社會上真正需要幫忙的地方，如醫院、社福、兒福、罕病基金、孤兒院、老人院……等，醫療與教育的地方。去宗教或寺廟拜拜的人

大都有手有腳，像點香這種小事自己來就好，何況煙對
人體吸多是有害的，有不良的影響，高層級的菩薩只要
供花即可。

勿貪心

　　某些人以為貪政府的錢沒關係，不知道那也會影響到自己的財運，以及下一世可能無法到公家機關上班。

　　【例如】：有位女性友人丈夫因病去世，留下一兒一女獨自撫養。她白天在市場，早上半天賣衣服開小型服裝店，下午休息，晚上再去當褓姆賺錢。她的工作收入大半並沒有列入所得稅，所以她依然能照常領政府每個月的補助費。像這樣我們應該將這份補助，留給真正貧苦需要幫忙的人才是正確的。貪國家政府的錢也是貪，不該你拿的就不要拿。

　　有些年輕人到一些不良的工作場所打工，類似討債公司、地下簽賭……等，不是很正當的工作，像這樣的工作將來很容易形成共業，賺不義之財是留不住的，不得不注意。

　　【例如】：曾有一友人告訴我，他曾做過賭博電玩的老闆，時常與警察捉迷藏。期間曾經賺了兩億元，最

後又倒欠七仟萬元。他的人生像雲宵飛車，高低落差很大，讓他差點爬不起來。現在只是擺地攤勉強糊口，日子並不好過，他說他是喜歡佈施的人，怎會這樣？我告訴他不義之財就算拿去佈施，福報進來財還是留不住，來去一場空，不得不慎思。我們不是只會往外佈施做福報而已。重點是在把心修好，勿貪心。

　　以前的我曾經買東西時，別人多找我的錢我就默默收下（比如：付對方五百元，而他卻找了九百元給我），心理想著：是你自己不小心的，不是我的錯，結果我的心跳立刻加快。後來我知道心跳加快就是我的良知，表示那是件錯事。所以後來的我都會退還商家，想到店員也許上班只賺一點錢，晚上盤點還要賠錢，我就於心不忍。有時到餐廳用餐點菜，服務人員送錯而我們也吃了，我就一定會付錢，不忍讓服務人員賠錢，也學會站在別人立場想。不過如果看到異性朋友心跳加快，那表示「要債的來了」要快逃！開玩笑啦！

珍惜緣份

　　我與大兒子關係像朋友，他到日本打工流浪，體驗人生，住了一整年。原來的他對台灣社會諸多不滿，因從小就玩日本任天堂遊戲長大，對日本一直很嚮往，某天在日本的溪邊玩耍，親眼目睹了三位接近20歲的年輕人，由溪上的橋跳水一躍而下，只為了好玩，結果其中一位一不小心當場斃命。兒子看到他的父母到達現場，瞬間崩潰、傷痛欲絕，旁人為之鼻酸。加上旅程中的種種體驗，有時感受到獨自漂泊他鄉的孤獨感。回到台灣後，感覺自己的家鄉最好最親切，開始珍惜緣份。他感覺到原來的他已經擁有很多，早該滿足了，已經比別人幸福很多。原本很不安於工作，也說以後會好好工作，也懂得珍惜與家人、與朋友之間相處的緣份，真是不虛此行。

　　人與人之間累世以來經常像演戲一樣角色互換，學習的就是同理心……，如果你今生對別人不好，下一世

祂們很可能安排讓你感受一下對方的感受。也有現世報的，像我：

多年前我用我自己的觀點去想我的舅舅，我認為他對我父母不好，我就開始不叫他舅舅，不理不採，把他當成隱形人，從來沒有去體會母親站在中間的為難心情。多年後現世報來了，我的兒子也因故不理他的舅舅，也就是我的哥哥，我很為難，才驚覺到那是我現世報。重點不在發生了什麼事，而是在讓我去感受以前我母親的感受，我趕快主動的去與舅舅和好，我的兒子也就與他的舅舅和好了，原來真的是我的現世報。

【例如】：一位女性友人，今生被丈夫家暴，離婚後又被男友家暴。就去問前世今生，才知今生是來感受前世打他老婆的感受。知道之後，他開始懺悔，努力的修正自己的個性與脾氣，心想自己吵架時伶牙俐齒，男人吵不過當然就動手。所以先檢討自己，修正習性後，果然與下一個男人相處變好了。

【例如】：一位女性友人嫁到美國多年，得了憂鬱症，起因是因為丈夫對待弱智的弟弟比對她還好。我就

對她說：「1．也許弱智的兄弟是他今生的債，他必須還。」「2．你應該轉移焦點，去做或學習你有興趣的東西，夫妻多年不可能永遠都那麼甜蜜，要學會獨立，不應該把所有的注意力全放在丈夫的身上，那萬一丈夫哪天比你早走你，還要不要活。」「3．為何有人像我婆家都沒有兄弟姊妹，而你的婆家卻有那麼多的兄弟姊妹，都與你不合？我們都是來修心的，如妳今生心胸不放寬，老是與他們處不好，下一世天上界一定會安排讓你們角色互換，繼續糾結在一起，讓你學會將心比心，感受別人的感受，直到你修正好你的個性為止。如你能在這一世就修正好你的個性，你就可以在下一世不用與他們糾結在一起。」她聽後開始修正自己，家庭聚會時付出時間與精力煮飯給一大家庭的人享用，與人相處變得圓融、與人為善不計較付出。大家跑來問我到底你對她說了什麼？為何她可以變一個人。這個案例讓我很有成就感，可以幫到別人很開心。這也是一個，改變自己對別人的態度開始去化解，去改變自己的人生。

　　從以上這幾個案例是不是發現，我們不僅要修好站在別人的立場想，還要修好五倫關係，要珍惜所有緣份。

心口合一真心待人

　　在靈界思想就是動力，是以心念在移動，祂們是靠思想與對方互相溝通，彼此交流的。只要是起心動念，事情就會實現，而你心裡想什麼，別人當然都會知道，藏都藏不住。因為你是什麼樣的人，就適合住到什麼地方去。而為了將來靈魂要升級到更高層的靈界，我們就必須修好，真心待人，以及心口合一，因為我們要先養成習慣，你現在是什麼樣的人，往生就是那樣的人，就算別人用功德超渡讓你上去天堂，你也無法適應很快的再度下來。

　　心口合一說到做到，做不到就不要亂答應，不要隨便發誓，承諾就要做到，否則易形成來世因果。守時守信才能得到別人的信任，因為那是對朋友的一種尊重，願意為別人真心付出，有感恩的心才能交到好朋友，才有更多的貴人願意幫你。

以下兩個例子是我真心待人的例子：

【例一】：某天朋友邀我去九份山上，陪她去看兩位住校讀國中的兒子。那是黃昏時間，陰雨綿綿霧茫茫，天色早暗，山路的兩旁偶有墓地，感覺格外陰森。我內心感到害怕，但我還是對朋友說：「下次如果沒有人陪妳來時，妳再找我陪你。」因為我擔心是陰暗的天氣，朋友獨自一人來心裡一定會害怕，我還教她多帶一點飲料與食物，分送給兒子的同學。兒子以後在學校人際關係好、受歡迎，才不會吵著不住校。我朋友也照做，後來朋友的小孩都考上了前三志願。

【例二】：一位女性友人因為是理財專員，原來是高收入、高所得，受到了雷曼兄弟金融風暴的影響，面臨人生的重大挫折，情緒低落。我就多些關懷，時常請她吃飯陪伴她。今年初我看到她的紫薇命盤有財運，就告訴她，沒想到讓她有了很大的激勵，努力去工作。看到如此我再告訴她，從今以後你每年都有財運。她聽了大笑，現在我們的友誼越來越好，她是一位我很喜歡的朋友。

　　以上這兩個例子的好友，都曾經與我有過語言不和的小小衝突，但當我們又和好後，我就一定會再真心對待我的朋友。

　　有些人可能會以為修行就是不食人間煙火，其實不是，是你現在的角色是什麼，就認真負責，用樂觀努力的心態去處理你身旁的人、事、物。如果大家都不再努力，那社會成了什麼社會？那公益誰來做？

　　所以吃齋、念佛、拜佛、禱告，這些都不是修行的重點。有信仰的只要將上帝與佛菩薩放心中，學習他們的心與行為，到社會上做有意義的事，把人做好；而沒有信仰的人，只要修好你的心與行為，把人做好，那些宗教做的事都不做，照常可以上天堂，上極樂世界。

　　因為修好時，你的正能量強，你的靈魂會自然的上升到更高層的靈界。反之如果你花很多時間在參加宗教活動，拜千拜、禱告、念經……，而你的心沒修好，你的靈魂能量不夠強，照常上不了天堂、極樂世界。

　　如果你今天的角色是宗教師父──拿人錢財、替人消災，修好自己的心外，幫別人超渡念經……，就是你的職責。

傳教士——傳對教義教人正確修，就是你的職責。

媽媽——照顧家庭、相夫教子，讓丈夫無後顧之憂。

爸爸——努力工作賺有良心的錢，對家庭盡責。

學生——認真學習、尊敬師長、友愛同學。

出了社會未婚已有工作——努力工作、尊敬長官與同事、為善，處理好男女關係、分手時不要傷害到別人，兄弟姊妹關係做好。

以上不管你的角色是什麼，認真負責任態度，扮演好你的角色，先修掉自己的壞習慣，注意自己的心與行為，對人付出真心，時常站在別人的立場想，做好人際關係。以上所有的角色都要從孝順父母做起，因為孝道沒做好，感恩的心就一定沒修好，再修五倫傳統四維八德，最後把人做好。今生命運就會順，心想事成，下世成仙成佛，人沒做好無法成仙也無法成佛。

結論

　　為何近幾年末日的電影變多？而通靈的人與書籍也突然廣增？因為末日將近。上面希望很多訊息可以直接傳達給我們，因為我們有很多行為離譜，接近自我毀滅，很多的修行方法都流於迷信，需要調整。現在陰盛陽衰，地球負能量比正能量強，無形的魂魄比人多，所以自殺、憂鬱症……也日漸增多，現在要救眾生、救自己，也只有靠人民的覺醒。

　　地球上的大自然生態環境正遭受到嚴重的破壞，各國氣候異常與異象四起，重大災難頻傳，海平面的上升城市的文明即將沉入海底，人類正面臨到末日重大浩劫的威脅。雖然還未真正的末日，但重大災難四起，是不是也是一種淨化現象呢？

　　最近世界各國為了怕2012年真的成為世界末日，因大家心裡有數地球確實在逐漸的惡化當中，末日只是

遲早的事。所以避難用的「諾亞方舟」紛紛出現，美國的自由之船，瑞士的太陽能潛艇，荷蘭的飄浮屋，比利時的水上城市，更證明了人類真的已出現了極度的不安全感。恐真的將遭受滅頂，花那麼多人力物力財力在建造那些「諾亞方舟」解救的人畢竟有限。眾人皆死我獨活又有何意義？或是等著當末日來臨時，像電影裡情節一樣，連世界知名的神像與大教堂佛寺、神廟……都自身難保、紛紛倒下時，我們再跪著禱告或念佛，已為時已晚。

為了不讓世界末日到來，我們是不是該從根本治起。否則就算我們僥倖逃過，我們的子子孫孫還是要面對，要拯救人類與地球其實並不困難，你我都可以不需要移山填海，我們沒有那種能力，只要大多數的人類都願意為了解救自己、解救人類與解救地球，而願意付出一些心與行為的改變與修正，當正的能量變強時，相對的負的能量就會被壓縮。當一個人修好時，他的正能量變強，他個人的命運變好，個人的小磁場變好，小環境就變好。當一大群人修好時，一個大能量變強，一大群人的命運變好，大的磁場變好，而大的環境也變好。而

地球就是這一大群住在地球上的人的能量磁場所創造出來的，所以只要住在地球上的這一大群人願意為了地球、為了眾生、為了自己盡一點心力，開始修正自己，反正早修晚修都是要修，倒不如早修早了業。苦口婆心用心良苦，就希望可以喚醒更多有智慧的聰明人，去共同再創美麗山河，那人間即是天堂。

　　是否想過外星人即是神，因為高層的靈界都是靠念力瞬間移動。神原本就分住在各個星球，極樂世界也是靈的能量創造出來的，人間是天上界為了讓人可以修靈魂升級而將人放下來考試，考試通過得以升級，考試不過重考或降級直到你通過考試為止。所以說人間就是天上界的大考場，既然是上面的考場怎麼可以任由破壞，因人類不斷的自己研發武器，也許是核武、也許是生化武器、或是核電廠之類，這都將引起生態浩劫。這次的日本海嘯是否也讓日本核電廠幾乎失控？令人擔心像這樣自我走向毀滅的行為，不是只有我們人類擔心失控，天上界也隨時在監控著我們，但那都是出於保護我們，以免我們過度開發而走向自毀滅亡。

　　我們人間從古代到現在資訊電腦時代，當然上面的法規與法條也會有些修正。只要你現在開始修正自己去做對的事情，會受到天神護持，因果遠離暫時不會近身，而想要向別人要因果債的也要自己先修好才可以要，而那些修好的人早已學會原諒別人，才不想為了你再度回到人間，像這樣的好時機是不是我們要好好的把握，早修晚修都是要修，不修有一天靈逼體還是要修。何不趁現在可以放下屠刀立地成佛，又可救眾生時趕快修。修好時自己的命運可以變好，靈魂又可以升級，又可以救到地球上的生物免於浩劫，世界末日遠離，何樂而不為？

　　股神巴菲特曾說：「他不在乎他這一生財產有多少，他在乎的是有多少人愛他。」而我在乎的「不是有多少人愛我，而是有多少人聽進我的話，而去改變他今生的命運，而讓他的命運變好，而影響到社會變好、國家變好、世界變好，而未來住進天堂極樂世界。」

　　位於英國倫敦泰晤士河畔會議廣場，聞名世界的威斯特敏斯特大教堂，有一間地下室墓碑揚名世界，世界

各國的很多政要和名人都慕名前來瞻仰，只因那塊墓碑上刻著這樣一段話：「當我年輕的時候，我的想像力從沒有受過限制，我夢想改變這個世界。當我成熟以後，我發現我不能夠改變這個世界，我將目光縮短了些，決定只改變我的國家。當我進入晚年以後，我發現我不能夠改變我的國家，我的最後願望只是改變一下我的家庭。但是這也不可能，當我現在躺在床上行將就木時，我突然意識到，如果一開始我只改變我自己，然後以自己為榜樣，我可能改變我的家庭，在家人的幫助和鼓勵下，我可能能為國家做一些事情，然後誰知道呢我甚至可能改變整個世界。」

梅花用心

生活風格類

梅花用心

作　　者 / 陳玉惠
圖文排版 / 郭雅雯
封面設計 / 王嵩賀

出 版 者 / 陳玉惠
　　　　　24251新北市新莊區昌明街40號5樓
　　　　　電話：+886-2-29929280
印　　製 / 秀威資訊科技股份有限公司
　　　　　114台北市內湖區瑞光路76巷65號1樓
　　　　　電話：+886-2-2796-3638　傳真：+886-2-2796-1377
　　　　　http://www.showwe.com.tw

2012年01月POD一版
定價：180元

國家圖書館出版品預行編目

梅花用心 / 陳玉惠著. -- 一版. -- 新北市：陳玉惠,
2012.01
　　面；　公分
POD版
ISBN 978-957-41-8908-3（平裝）

1. 修身　2. 文集

192.107　　　　　　　　　　　　　101002183